Carl Hasse

Die Venus von Milo

eine Untersuchung auf dem Gebiete der Plastik und ein Versuch zur

Wiederherstellung der Statue

Carl Hasse

Die Venus von Milo
eine Untersuchung auf dem Gebiete der Plastik und ein Versuch zur Wiederherstellung der Statue

ISBN/EAN: 9783743409606

Hergestellt in Europa, USA, Kanada, Australien, Japan

Cover: Foto ©ninafisch / pixelio.de

Manufactured and distributed by brebook publishing software (www.brebook.com)

Carl Hasse

Die Venus von Milo

DIE VENUS VON MILO.

EINE

UNTERSUCHUNG AUF DEM GEBIETE DER PLASTIK

UND EIN

VERSUCH ZUR WIEDERHERSTELLUNG DER STATUE

VON

C. HASSE

O. Ö. PROFESSOR DER ANATOMIE AN DER UNIVERSITÄT BRESLAU.

MIT 4 LICHTDRUCK- UND 4 LITHOGRAPHISCHEN TAFELN.

JENA
VERLAG VON GUSTAV FISCHER
1882.

Alle Rechte vorbehalten.

DER UNIVERSITÄT WÜRZBURG

ZU IHRER

DREIHUNDERTJÄHRIGEN JUBELFEIER

IN TREUER ANHÄNGLICHKEIT

GEWIDMET

VON IHREM

EHEMALIGEN MITGLIEDE.

Einleitung.

Wenige Statuen des Alterthums möchte es geben, über welche in den paar Jahrzehnten seit ihrer Auffindung der Kampf der Meinungen so getobt hat, wie über die Venus von Milo. Freilich ist der Kampf auch des Zieles, das hervorragende Werk nach der ursprünglichen Auffassung des Künstlers wieder herzustellen, werth. Laien, Archäologen und Künstler betheiligen sich gleich lebhaft an den Bestrebungen die Geschichte des Fundes, die Art der Erwerbung, die Zugehörigkeit der einzelnen losgelösten Bruchstücke und deren natürliche Stellung an dem Bildwerke aufzuklären, freilich ohne dass bis zum heutigen Tage eine völlige Uebereinstimmung der Ansichten erzielt worden ist.

Die hehre Schönheit der verstümmelten Statue hat seit Langem meine Aufmerksamkeit gefesselt und mir den Gedanken eingegeben als Anatom den Versuch der Wiederherstellung zu wagen. Die bewunderungswürdige, der Natur abgelauschte Haltung des Körpers, der feine anatomische Sinn, welcher den Meissel des Künstlers führte, fesselten mich immer wieder und die Schlussfolgerung lag nahe:

Ist die Statue anatomisch richtig gearbeitet, so ist der Anatom, wenn anders er seine Wissenschaft vollkommen beherrscht und derselbe, wie es immer der Fall sein sollte, nicht allein den inneren Bau des menschlichen Körpers bis in seine feinsten Einzelheiten kennt, sondern auch ein scharfes, klares Bild der Oberflächenverhältnisse bei verschiedener Haltung und Bewegung besitzt, vorzugsweise berufen und auch im Stande genau anzugeben, wie die Gesammthaltung des verletzten Bildwerkes war, welchen Gedanken demnach der Künstler zur Anschauung bringen wollte.

Die Forderung eines maassgebenden und endgiltigen Urtheiles hätte unter dieser Voraussetzung schon lange an den Anatomen gestellt werden können, und ich habe es je länger desto mehr als eine Ehrensache betrachtet in diese Frage urtheilend einzutreten. Ich hoffte dabei, dass ein Aufenthalt in Paris, welcher mir im Herbste vorigen Jahres ermöglicht wurde, dass Untersuchungen an dem Originale mich meinem Ziele wesentlich nähern würden. Diese Hoffnung hat mich auch nicht getäuscht, allein ein Zufall war dabei von entscheidender Bedeutung.

Meine Hinreise erfolgte über Brüssel und bei einem Besuche der Antiquitätenabtheilung des Museum in der Porte de Hal wurde meine Aufmerksamkeit durch eine kleine, unscheinbare, antike Bronze gefesselt, welche augenblicklich den Gedanken in mir wach rief, der in dieser Schrift zum Ausdruck kommen soll.

Die Bronze, wenige Centimeter hoch, ist schlecht ausgearbeitet und stellt eine Venus mit hoch über dem Scheitel erhobenen linken Arm und gegen den Haarschopf herabgebogener Hand dar. Die Haltung des Oberkörpers und des Gewandes erinnert entfernt an die der Venus von Milo. Der rechte Arm gegen die linke Hüfte herumgreifend hält das fallende Gewand.

Einleitung.

Diese Angaben habe ich leider nur aus dem Gedächtnisse niederschreiben können, denn die Zeit meines brüsseler Aufenthaltes gestattete mir nicht eine Skizze zu entwerfen, und mein Bitten um Aufklärung oder um Uebersendung der Bronze zum näheren Studium wurden bis jetzt leider von der Oberleitung der Sammlung unbeantwortet gelassen. Die Betrachtung der Venus im Louvre gab aber dem einmal gefassten Gedanken neues Leben und endlich die Gestalt, in die ich ihn vielen Kreisen zugänglich kleiden will.

Schwerlich wäre ich nun aber vollkommen an das Ziel gelangt, wenn mir nicht die Räume des archäologischen Museum der hiesigen Universität, welches einen schönen Originalabguss der Statue enthält, von meinem Herrn Collegen Rossbach in der freundlichsten Weise geöffnet worden wären. Ich verfehle nicht ihm sowohl, wie meinem Collegen Hertz, welcher mich zuerst in die Litteratur einführte, für das mir bewiesene freundschaftliche und werkthätige Entgegenkommen meinen herzlichsten Dank abzustatten, einen Dank, welcher auch in hervorragender Weise dem Direktor in den königlichen Museen zu Berlin, Herrn Prof. Dr. Conze, gebührt. Derselbe stellte mir in der freisinnigsten Weise die Originalabgüsse des linken Armbruchstückes und der linken Hand zur Verfügung.

Sollten nun die vorliegenden Bestrebungen des Anatomen auf fruchtbaren Boden fallen und sein Urtheil als ein maassgebendes Anerkennung erlangen, nun dann hoffe ich, dass dieses Schriftchen zugleich eine Anregung sein wird der plastischen Anatomie und deren Vertretern die Stellung zu geben, welche ihnen namentlich auch auf dem Gebiete der Kunst zukommt.

Es erscheint mir als eine Nothwendigkeit, dass, wo Kunstschulen und Kunstakademieen am Sitze einer Universität bestehen, ein Anatom von Fach, welchem künstlerische Strebungen nicht ferne liegen, die Kunstschüler und Kunstjünger nach den Grundsätzen seiner Wissenschaft lehre und praktisch anleite, der künstlerischen Auffassung der Formen und Bewegungsverhältnisse des Körpers die streng wissenschaftliche anatomische Basis gebe. Erst dann wird das Ahnen, die allgemeine Vorstellung der Form und Bewegung in ein das Einzelste beherrschendes Wissen verwandeln, und man wird viel seltener von einem glücklichen Griff bei der Wiedergabe der menschlichen Gestalt, öfter dagegen von einem überall bewussten Streben reden. Für den Genius ist das exakte Wissen und der Gang auf dem sauren und vom Ziele oft seitab führenden Wege wirklicher Wissenschaft kein Hemmschuh, sondern eine sichere Stütze und das nothwendige Erforderniss zum Erreichen der höchsten Ziele, namentlich auch auf dem Gebiete der Kunst.

Diese Ueberzeugung hat sich in mir immer mehr gefestigt, je mehr ich Einblick in die Kunstgeschichte gewann und je öfter ich das Glück hatte Originale zu sehen. Der streng geschulte Anatom ist an erster Stelle zur Aufklärung der Form und Bewegungsverhältnisse des menschlichen Körpers und demnach zum Lehren derselben berufen, nicht der Archäologe, nicht der Künstler, welchen das Feld des Schönen, des Harmonischen alle Zeit als ureigenes, weites Feld verbleiben wird.

Wie fruchtbar und belebend streng anatomische Schulung wirkt, das habe ich oft und so auch bei der vorliegenden Untersuchung erfahren, und dazu haben auch die mancherlei Unterredungen und Erörterungen beigetragen, welche ich über Einzelfragen in derselben mit meinem Assistenten Herrn Dr. Strasser, der auf meine Anregung hin sein Talent auch in den Dienst der plastischen Anatomie gestellt hat, pflog. Diese Erörterungen gaben meinem Zeichenstift die nöthige Festigkeit und Sicherheit. Auch ihm statte ich meinen herzlichsten Dank ab, und ich wünsche, dass er einen etwaigen Erfolg auf dem vorliegenden Gebiete auch als einen Erfolg seiner eigenen Strebungen ansehen möge.

Frühere Untersuchungen.

s liegt ausser meinem Bereich Alles, was seit der Zeit der Entdeckung über die Venus von Milo geschrieben und gedruckt worden ist, in eingehendster Weise zu berücksichtigen. Das ist eine Aufgabe für den Archäologen und den Litterarhistoriker. Einen Vorwurf könnte man mir aber machen, wenn es sich zeigte, dass ich über die wesentlichsten Fragen und Ansichten im Unklaren bin. Um diesen thunlichst zu vermeiden, gebe ich im Anhange eine Uebersicht der von mir benutzten Litteratur, wobei ich auch im Stande war die Schrift von Saloman: „la statue de Milo, dite Venus victrix, Stockholm 1878" einzusehen. Sehr bedauert habe ich aber, dass mir die Schrift des Freiherrn v. Göler mit der interessanten Abbildung der Restauration von Tarral und ausführlichen Litteraturangaben erst nachträglich bekannt wurde.

Ich glaube, es wird genügen, wenn ich kurz die nach meiner Auffassung wesentlichsten Punkte in der Frage nach der natürlichen Stellung der Venus von Milo hervorhebe.

Wenn ich von der in der neuesten Zeit namentlich von Saloman vertretenen und bereits früher von allen maassgebenden Beurtheilern als unrichtig zurückgewiesenen Ansicht absehe, dass die Venus ein Theil einer Statuengruppe sei, eine Ansicht, welche in den Fundberichten von Dumont d'Urville und von Brest nicht die geringste Stütze findet, so bleiben eigentlich nur zwei Anschauungen übrig, von denen die eine ihre wesentlichste Stütze in Jahn gefunden hat und welcher Wittich einen bildlichen Ausdruck gab. Dieser zufolge soll die Venus von Milo in einer Stellung, ähnlich der der Venus von Capua, einen Schild gehalten haben, während die andere, von den meisten Forschern angenommene Ansicht darauf fusst, dass die Statue in der erhobenen linken Hand als Siegespreis nach dem Urtheile des Paris, oder als Symbol der Liebe einen Apfel freudig oder triumphirend emporhalte. Diese Annahme findet im Anschluss an die Fundberichte ihre wesentlichste Stütze in de Clarac, Fröhner, Aicard und Doussault einerseits, Preuner, v. Göler andererseits.

Die Auffassung der Venus mit dem Schilde gründet vor Allem auf der Annahme, dass die der Statue zugeschriebenen Bruchstücke des linken Armes und der Hand entweder sicher nicht, oder wahrscheinlich nicht derselben angehören, während die andere Ansicht gerade auf der Zugehörigkeit fusst.

In der Frage der Zugehörigkeit dieser Bruchstücke liegt der Schwerpunkt des ganzes Streites.

Für die richtige Lösung sind natürlich in erster Linie die Fundberichte derjenigen Personen, welche zuerst die Statue sahen, von Wichtigkeit und ausschlaggebender Bedeutung.

Ueberaus bemerkenswerth ist zunächst die Aussage des Consularagenten Brest (Doussault), welcher gleich nach der Entdeckung durch den bäuerlichen Eigenthümer des Grundes und Bodens, auf dem die Statue gefunden wurde, zur Stelle eilte. Freilich finden sich von ihm keine handschriftlichen Aeusserungen, welche unmittelbar nach dem Funde niedergeschrieben wurden, sondern es liegt nur ein Bericht aus der Feder Doussault's über eine mündliche Schilderung des Consularagenten, welche durch eine nach seinen Angaben ausgeführte Skizze des Fundortes sowohl, wie des Fundes unterstützt wurde, vor, allein dieser Bericht stimmt in allen wesentlichen Punkten mit dem von Dumont d'Urville, welcher bald nachher den Schauplatz betrat, überein. Ein Zweifel an der Glaubwürdigkeit dieser ersten Zeugen erscheint demnach unzulässig, und es lässt sich aus diesen beiden, im Wesentlichen übereinstimmenden Berichten folgendes Facit ziehen:

Bei dem Ackern stiess der Bauer Georgios auf eine unter der Bodenfläche liegende Halbrotunde, welche d'Urville als Nische bezeichnet, in deren Grunde sich nahe der Wand die Statue der Venus fand. Ihr zur Seite in einem Halbkreise und in ziemlich gleichen Abständen mehrere Hermen. Die Statue, mit niederfallendem Gewande bekleidet und aus zwei Stücken bestehend, entbehrte der Arme, welche von dem Körper getrennt auf dem Boden der Rotunde lagen, der rechte in einer Haltung, als wolle er das fallende Gewand auf der linken Hüfte zurückhalten, der linke mit seiner Hand einen Apfel emporhaltend. Die Wand der Rotunde war gleichmässig braunroth bemalt, die Durchbohrung der Ohren deutete auf das Tragen eines Schmuckes hin und der Apfel schien bemalt gewesen zu sein. Der rechte Fuss der Statue war verletzt, der linke mit einem Stücke Sockel ausgebrochen.

Wie es scheint wurde der Versuch gemacht, die Arme mittelst Bänder an dem Körper zu befestigen, und wahrscheinlich ist dieser Versuch namentlich mit dem linken Arme gelungen. Darin liegt dann der Grund für die Aussage eines anderen Augenzeugen, des Antonio Bottonis, wonach der linke Arm, einen Apfel emporhaltend, an der Statue gefunden sei. Derselbe wäre dann später bei der Beförderung an die Küste und bei dem wahrscheinlich im Moment der Einschiffung stattfindenden Kampfe zwischen Franzosen und Türken zerbrochen.

Die Frage, ob der linke Arm im Augenblicke des Auffindens der Statue derselben anhing, erscheint übrigens ziemlich gleichgültig gegenüber der Thatsache, dass von den ersten Beobachtern übereinstimmend ein den Apfel in erhobener Hand tragender linker Arm, welcher der Statue angehört, gefunden worden ist. Ebenso ist es für das Wesen der Frage nach der Haltung gleichgültig, welche Verletzungen das Bildwerk während der Beförderung bis zur Aufstellung im Louvre davongetragen hat, Verletzungen, welche, wie aktenmässig festgestellt ist, die Gesammthaltung der Statue und ihrer einzelnen erhaltenen Theile in keiner Weise gestört haben, wie der Verlust der Nase, die Absprengung des Haarschopfes, die Abschürfungen an der Schulter und an den Gewandpartien.

Die Haltung des rechten Armes giebt bei den ersten Beobachtern zu keiner Meinungsverschiedenheit Anlass.

Gegenüber diesen unzweideutigen, im Wesen der Sache übereinstimmenden Angaben der ersten Beobachter der Statue frägt es sich nun, wie war es überhaupt möglich, dass ihnen entgegen sich andere Ansichten geltend machen und namentlich in Deutschland Anhänger finden konnten. Ich finde den Grund vor Allem darin, dass die Angaben des Consularagenten Brest nicht vor dem Jahre 1877 dem allgemeinen Publikum bekannt wurden, dass fernerhin der Fundbericht Dumont d'Urville's ebenfalls spät zur Kenntniss kam, dass dann auf spätere Berichte, namentlich auf die von Marcellus, grösseres Gewicht gelegt wurde, und dass schliesslich die nach Frankreich ausser der Statue gebrachten Bruchstücke nur dem linken Arme angehörten, während der rechte vollkommen verloren gegangen war. Ausserdem wurde noch einer Anzahl von Stücken Erwähnung gethan, welche unzweifelhaft nicht zur Statue gehörten.

Marcellus zählt unter den von ihm mitgebrachten und zur Venus gehörigen Stücken einen Vorderarm und abgesehen von den Hermen einen in der Nähe des Feldes, etwas abwärts im Thale gefundenen, bekleideten Fuss auf. Da nun aber ausser diesen Bruchstücken Sockel und einige Marmorreste erwähnt werden, und da sich dann einige unförmliche Arme, die unzweifelhaft der Statue nicht angehören, hinzufanden, so wurde die Zugehörigkeit der Bruchstücke des linken Armes trotz aller Aussagen, trotz der Angaben des ersten Untersuchers im Louvre, de Clarac, bestritten. Man hatte damit um so leichteres Spiel, weil die Art, in welcher die linke Hand den Apfel hält, eine durchaus ungewöhnliche ist und einem frohlockenden Zeigen desselben, fasse man ihn nun als Kampfpreis oder als Symbol der Liebe auf, durchaus nicht entspricht. Während dieser Geste ein Halten des Apfels mit dem ersten, zweiten und dritten Finger bei eingezogenem oder erhobenem vierten und fünften Finger entsprechen würde, sehen wir die dem Beschauer entgegenkehrenden beiden letzten Finger sich fest um den Apfel schliessen, während sich der Zeige- und der dritte Finger frei über denselben erheben. Ferner ist das Armbruchstück, welches jedoch von den Franzosen immer als Biceps, also Oberarmstück, bezeichnet wird, als Bestandtheil eines Unterarmes der Statue viel zu plump und ausser Verhältniss.

Die Haltung der Finger bot also von vorne herein für die vorherrschende und von den Findern zuerst ausgesprochene Idee des Erhebens eines Apfels Unzuträglichkeiten, über die ein besonnener Denker nicht ohne Weiteres zur Tagesordnung übergehen konnte. Dazu gesellten sich nun noch archäologische Bedenken, denen Preuner am deutlichsten Ausdruck gegeben hat, indem er nachwies, dass zur Zeit der Entstehung der Statue der Mythus von dem Apfel des Paris durchaus noch nicht Gemeingut der Griechen geworden war. Derselbe sah sich demnach immer unter Annahme der Zugehörigkeit der beiden Fragmente auf das Halten des Apfels als Liebessymbol verwiesen, äusserte aber dabei wegen der Fingerhaltung leise Zweifel.

Unter solchen Umständen kann es nicht Wunder nehmen, dass man, an Fälschungen oder Täuschungen des Finders glaubend, die verstümmelten Arm- und Handtheile überhaupt über Bord warf und nun die Statue nur aus der Haltung des Körpers zu ergänzen versuchte. Das that vor allen Dingen Jahn, indem er das Motiv des Haltens des Schildes des Ares aufgriff und zu begründen versuchte, ein Motiv, welches, wie erwähnt, den Bildhauer Wittich zur plastischen Wiederherstellung der Statue und zu einer kurzen Beschreibung ermunterte. Freilich begleitete der Herausgeber der Zeitschrift für bildende Kunst von Lützow diese Darstellung mit der Bemerkung, dass der in die Ferne gerichtete Blick der Venus sich kaum mit einer selbstgefälligen Bespiegelung im Schilde vereinbaren liesse.

Abgesehen nun davon, dass diese Auffassung der Statue mit Allem in Widerspruch steht, was urkundlich über die Auffindung derselben beglaubigt ist, dass ferner v. Lützow richtig hervorhebt, dass weder die Blickrichtung, noch die Neigung und Drehung des Kopfes sich wohl mit der von Jahn und Wittich angenommenen Haltung vereinbaren liesse, wäre auch vor allem ein anatomisches Bedenken ins Feld zu führen. Das Fragment des rechten Armes ist an der Statue fest gegen die Brust gedrückt und sehr stark nach links hinüber gegen den Körper gezogen, eine Haltung, welche in dem Augenblicke unmöglich wird, wenn der Arm, ob auch nach links abgebogen, mit ausgestrecktem Unterarm einen auf dem linken Schenkel ruhenden Gegenstand hält. Dann hört die Pressung des Oberarmes gegen die Brust auf, derselbe wird frei. Im richtigen Gefühl hat darum auch der Künstler die Statue mehr von der Seite gezeichnet, um dadurch seine Nachbildung der Haltung der Statue möglichst anzunähern.

Demnach sind wir, da ja die Akten vor Allem aufs Klarste beweisen, dass das Bruchstück des Armes und der Hand zur Statue gehören, also Bestandtheile des einen der beiden bei der Statue gefundenen Arme sind, darauf hingewiesen mit der Annahme zu rechnen, welche auch die weiteste Verbreitung gefunden hat, dass die Venus mit der rechten Hand das fallende Gewand haltend, mit der linken einen Apfel in die Höhe hebt. Mit Bezug darauf müssen wir die einzelnen anatomischen Momente der Haltung des Rumpfes und Kopfes der Statue, der Haltung des rechten Armfragmentes, sowie die Plastik der linken Schulter und die Eigenthümlichkeiten in der Modellirung des Armbruchstückes, welches unzweifelhaft dem Oberarme angehört, sowie die Haltung der linken Hand und der Fingerreste in Betracht ziehen.

Eigene Untersuchungen.

Meine Schilderung beginne ich zunächst mit den beiden, neben der Statue im Louvre aufbewahrten Bruchstücke des linken Armes, welche bereits Kekulé zum Gegenstande einer im Wesentlichen mit meinen photographischen Abbildungen übereinstimmenden Zeichnung gemacht hat.

Das Bruchstück des linken Oberarmes.

Dasselbe stellt den Ellbogenabschnitt dar. Die obere Schulterhälfte fehlt. Abgesehen von Absplitterungen an der Oberfläche der hinteren Seite, welche vollkommen denen an der Hinterseite der linken Schulter entsprechen, zeigt sich bei oberflächlicher Betrachtung nichts Besonderes. Die Bruchfläche am Ansatze des Unterarmes ist gerade. Sieht man nun aber genauer hin, so bemerkt man eine ganz entscheidende Skulptur und zwar in Gestalt eines Wulstes (siehe Lichtdrucktafel IV) am Ellbogenende, welcher an der oberen Fläche am schärfsten ausgeprägt, sich nach vorne abwärts allmählich verbreitert, abflacht und gegen die Oberfläche verliert. An der Hinterseite ist derselbe nur auf eine kurze Strecke zu verfolgen. Der Wulst ist ganz ausserordentlich bedeutsam. Es ist der Beugewulst, welcher am Oberarm in demselben Augenblicke an dieser Stelle auftritt, wo der Unterarm gegen den Oberarm stark gebogen wird. Er ist ein unumstösslicher anatomischer Beweis für die Haltung des Unterarmes in starker Beugestellung. Damit steht auch die Rundung der Unterfläche am Ellbogenende im vollkommenen Einklang, ebenso wie die starke Neigung der Bruchfläche am Ellbogen.

Es ergiebt sich also als unumstössliches, anatomisches Resultat eine starke Biegung des Unterarmes gegen den Oberarm und zwar im Wesentlichen in der Ebene des Oberarmes.

Für die letztere Annahme scheint mir die Ausdehnung des Beugewulstes nach vorne unten, sowie das starke Vorspringen der Bruchfläche am Ellbogen zu sprechen.

Das Bruchstück der linken Hand.

Es fehlt am Gelenk etwa ein Drittel des Handtellers. Die Hand erscheint leicht gebogen und nach der Kleinfingerseite hin tiefer geneigt. Auch hier erscheinen an dem Daumen, also der hinteren Seite, Abschürfungen, wie sie in gleicher Weise an dem Bruchstücke des linken Oberarmes und an der linken Schulter vorkommen. Der vierte und der fünfte Finger sind in ihrer ganzen Länge, der Mittelfinger bis zur Basis des Mittelgliedes erhalten. Der Zeigefinger ist im oberen Drittel des ersten

Gliedes gebrochen, der Daumen etwa in der Mitte desselben. Es ist eine gut gebildete, fleischige Frauenhand, deren Maassverhältnisse wie auch die des Oberarmstückes vollkommen denen der Statue entsprechen.

Der sogenannte Apfel verdient eine besondere Beschreibung. Die eigenthümliche Haltung desselben hat ja von jeher besondere Aufmerksamkeit erregt. Derselbe erscheint zunächst im Verhältniss klein mit einem Durchmesser, welcher nur wenig mehr als die Hälfte des grössten Längsdurchmessers des Handtellers beträgt. Das mittlere und das Endglied des vierten und fünften Fingers, welche dem Beschauer entgegengekehrt sind, krümmen sich über denselben, liegen dicht an, während das erste Glied aufliegt oder nur leicht über ihn gebogen erscheint. Sein hinteres Ende reicht nicht überall bis an die hintere Querlinie des Handtellers. Das erste Glied des Mittelfingers ist nur wenig gebogen und ragt demnach über das der beiden letzten vor, und die schwache Biegung des Restes des Mittelgliedes deutet darauf hin, dass dasselbe wie auch das Endglied eine mittlere Beugelage hatte. Ich habe die Stellung in der Zeichnung, glaube ich, deutlich zum Ausdruck gebracht. Das erste Glied des Zeigefingers ist nahezu gerade gestreckt, demnach über die anderen erhoben, und das lässt auf eine noch geringere Biegung der Mittel- und Endphalange schliessen, als die ist, welche die gleichen Theile des Mittelfingers besitzen. Der Daumen legt sich gestreckt an die Seitenfläche des Apfels und ist die Berührungsfläche in der ganzen Ausdehnung zu verfolgen. Der runde Apfel ragt nur zu einem Drittel über den unteren Rand des Daumens vor, während zwei Drittel seiner Höhe unter dem kleinen Finger sichtbar werden. Seine untere, abgeplattete Fläche steht in der Ebene der Spitze des vierten Fingers.

Ist nun schon die Haltung, die geringe Grösse und die unten abgeplattete Gestalt des Apfels auffällig, so ist das noch mehr der Fall in Folge des Auftretens zweier schmaler, zusammenstossender Furchen, von denen die daumenwärts gekehrte schräg von dem Daumen gegen den Zwischenraum zwischen vierten und fünften Finger und zwar fingerwärts concav verläuft, während die andere von der Mitte der ersteren ausgehend mehr gerade gestreckt den Rand der abgeplatteten Fläche des Apfels, etwas hinter der Ebene der Basis des kleinen Fingers erreicht.

Haltung des Bruchstückes des rechten Oberarmes.

Die Haltung des rechten Oberarmfragmentes ist eine sehr bezeichnende und wirft auf die Stellung des verloren gegangenen Armtheils ein klares Licht. Dasselbe ist eng der Brust angeschmiegt, wie die starke Ausprägung und Biegung namentlich der vorderen Achselfurche zeigt. Dieses enge Anschmiegen an den Brustkorb verträgt sich, wie ich bereits hervorhob, nicht wohl mit der Stellung, welche Wittich dem Arme zum Halten des Schildes gegeben hat. Dasselbe weist vielmehr, wie auch die Richtung der Bruchfläche auf eine Beugelinie des Armes schräg über den Nabel gegen die linke Hüfte und die dort liegenden, vorgebauschten und auf dem vorgebogenen, linken Oberschenkel ruhenden Gewandfalten hin. In diesem Falle muss an dem leicht nach innen gebogenen aber von dem Körper etwas abstehenden Armtheil die Hand gegen diese Gewandfalten gegriffen haben, in der Weise, wie ich es in der Zeichnung zum Ausdruck gebracht habe. Diese Arm- und Handhaltung würde dann auch vollkommen, namentlich mit den Schilderungen von Dumont d'Urville stimmen. Wie wenig die Jahn-Wittich'sche Annahme selbst bei starker Linkshaltung des Schildes und daraus folgendem Andrängen des linken Oberarms an den Körper gerechtfertigt ist, lehrt sofort eine Betrachtung der Venus von Capua, deren Haltung des rechten

Armes vollkommen der der Wittichschen Figur entspricht. Bei dieser ist der Theil des Oberarmes, welcher dem Bruchstücke des Armes der Venus von Milo entspricht, mehr gegen die Höhe der Brustwarze gehoben.

Kopf und Hals.

Der Kopf ist stolz erhoben, der Blick gerade aus ins Weite gerichtet. Die Drehung nach links beträgt etwa 45°. Der Mund ist leicht, wie selbstvergessen geöffnet. Ein fesselndes Gemisch von Lieblichkeit, Liebenswürdigkeit, keuscher Strenge und bewusster Sicherheit ist über das Antlitz ausgebreitet.

Die Haltung des Kopfes wird durch die des Halses in eigener Weise beeinflusst. Dieser leicht nach vorne gebogen zeigt ebenfalls die Drehung nach links, mit in realistischer Weise deutlich ausgeprägten, seitlichen Hautfalten, weicht aber dabei nach rechts ab und ruft dadurch den Eindruck hervor, als wolle der Kopf in mässigem Grade einer von links her kommenden Gewalt ausweichen oder derselben entgegenwirken.

Ueber das wundervoll modellirte, gewellte und über die Ohren zurückgestrichene Haar legt sich eine tiefe, breite Furche, ein Beweis, dass die Statue im Alterthum wahrscheinlich wie Ohrringe und Armband so auch ein metallenes Diadem getragen hat. Die Furche verliert sich an den seitlichen Haarwülsten. Von dem eigentlichen Haarschopf fallen aufgelöste Locken über die Höhe des Nackens.

Der Rumpf.

Der Rumpf ist über der Hüfte leicht nach rechts gebogen und dabei im oberen Körpertheil um die Längsaxe nach links gedreht. Das ist eine vollkommen natürliche Haltung, wenn der nach abwärts links greifende, rechte Arm gegen das über die linke Hüfte fallende Gewand greifen oder dasselbe halten soll. Die Biegung zeigt sich prachtvoll und anatomisch vollkommen richtig in den Seitencontouren, in der Rückenfurche und in den Furchen des Bauches. Die rechte Schulternackenlinie fällt in leichtem Fluss nach aussen ab. Die rechte Schlüsselbeinerhebung hat ihre gewöhnliche horizontale Stellung, und somit steht auch das rechte Schulterblatt unbewegt.

Ganz anders dagegen die linke Schulter und Brustparthie. Diese erfordern die eingehendste Betrachtung und sind so fein und richtig modellirt, dass der Verlust und das kurze Abbrechen des Armes durchaus nicht das Urtheil zu trüben oder zu ändern im Stande ist.

Der linke Schlüsselbeinwulst erhebt sich leicht gegen das obere Ende der vorderen, am Armheber (Deltamuskel) gelegenen, nahezu senkrecht abfallenden und nach innen convexen Schulterfurche. Das Schulterende des Schlüsselbeins ist also über das der rechten Seite bis in die Höhe der oberen Grenze des unteren Drittels des Halses gehoben, und dem entspricht auch die Erhebung des linken Schulterblattes, welches namentlich deutlich an der Seiten- und Hinteransicht zu Tage tritt. Der abfallende Theil der Nackenlinie ist etwas verkürzt, flacher wie rechts, und deswegen erscheint das Schulterblatt gegenüber dem der anderen Seite ein wenig vorgetrieben. Es handelt sich um eine leichte Zusammenziehung des Kappenmuskels (musc. trapezius), wie sie bei der Hebung des Oberarmes über die Wagerechte hinaus vorkommt. Der Armtheil der linken Schulternackenlinie ist horizontal. Der Wulst des Armhebers (Deltamuskel) springt vorne kräftig vor, ein Zeichen des Zusammenziehens des Muskels wie bei horizontal erhobenem Arm.

10 *Eigene Untersuchungen.*

Aus der Stellung des linken Schlüsselbeines und des Schulterblattes, aus der Verkürzung der schräg abfallenden Nackenlinie folgt, dass der linke Arm leicht über die Wagerechte gehoben gewesen sein muss und nicht wie in der de Clarac und der Wittich'schen Abbildung oder wie bei der Venus von Capua leicht gesenkt. In diesem Falle müsste die Schulter flacher, das Schlüsselbein selbst bei Ueberneigung des Rumpfes nach rechts weniger gehoben sein, und die vordere Schulterfurche müsste eine andere Richtung bekommen.

Für eine leichte Erhebung über die Wagerechte spricht auch der erhaltene Rest der vorderen Begrenzung der Achselhöhle, der freie Rand des grossen Brustmuskels. Wäre der Oberarm auch nur wenig aus der Horizontalen gesenkt gewesen, so würde derselbe, wie man unter anderen auch bei der Venus von Capua sehen kann, schräg gegen den Arm nach aufwärts und auswärts verlaufen, während er bei unserer Statue steiler, nahezu senkrecht aufsteigt.

Es lässt sich nun aber nicht allein der Grad der Erhebung des linken Oberarmes über die Wagerechte hinaus feststellen, sondern auch die Richtung desselben. Dafür ist einmal das stärkere Hervortreten des vorderen Theiles des Armheber-(Delta-)wulstes, ferner die Stellung des Schulterblattes und dann auch die Richtung der Bruchfläche entscheidend. Die Bruchfläche ist höchst unbedeutend nach vorne gerichtet, die Schulter um ein Geringes nach vorne gedreht, und daraus folgt, wenn es nicht schon die geringe Tiefe der vorderen Schulterfurche bewiese, dass der erhobene Vorderarm nur so wenig nach vorne gebracht ist, dass der Ellbogen allerhöchstens in der Querebene der Mitte der Wange lagert.

Eine solche Haltung mit einem stark nach innen gebogenen Unterarm verträgt sich nun aber durchaus nicht mit der Annahme, dass die Venus von Milo triumphirend oder freudig, also jedenfalls demonstrativ einen Apfel in die Höhe gehoben habe. Ganz abgesehen von der Fingerhaltung, welche dem entsprechend gefordert werden müsste (Haltung des Apfels mit den Spitzen der ersten Finger), bedürfte eine solche Geste nicht allein einer Hebung des Oberarms, sondern zugleich ein so starkes Vorragen des Ellbogens über die Antlitzfläche, dass dadurch nothwendig eine ganz andere Plastik namentlich an Brust und Schulter und ganz besonders eine grössere Vertiefung der vorderen Schulterfurche auftreten müsste. Das lässt sich z. B. am schönsten an dem Hermes des Praxiteles und an der anatomisch weit unvollkommeneren Venus von Capua nachweisen.

Die Haltung der unteren Körper- und Gewandparthien ist so klar und deutlich, dass ich darüber keine Worte verlieren möchte, wenn nicht ganz besonders hervorzuheben wäre, dass, wie bereits bekannt, die unvollkommen und in grossen Zügen ausgearbeiteten, hinteren Gewandparthien mit Sicherheit darauf schliessen lassen, dass die Statue dazu bestimmt war in der Nähe einer Mauer den Blicken von hinten unzugänglich, somit nur von vorne und von der Seite gut sichtbar zu stehen.

Folgerungen.

Fasse ich nun alles Vorangegangene zusammen, so glaube ich, ist nur eine Folgerung möglich. Die Venus von Milo ist eines der vollendetsten Bildwerke, in den wesentlichsten Verhältnissen anatomisch vollkommen richtig und von einer Peinlichkeit und Genauigkeit in der Ausführung des Körpers, welche darauf schliessen lassen, dass der Künstler stets nach einem vollendeten, lebenden Modell gearbeitet hat.

Kommt es mir nun auch nicht zu in der Frage nach dem Alter der Statue, nach dem Autor derselben in irgend einer Weise einzugreifen, so wird man doch dem Anatomen das Recht lassen müssen, über den Grundgedanken abzuurtheilen, der den Künstler geleitet hat, und in dieser Beziehung zeigt die Haltung des Körpers, die Plastik der Bruchstücke des linken Armes auf das deutlichste Folgendes:

Die Venus von Milo ist ein hehres, liebliches, keusches Weib, im Begriff in die Fluthen zu steigen. Mit der rechten Hand greift sie gegen das über die linke Hüfte herabfallende Gewand, welches, über die rechte Hüfte bereits gefallen, wesentlich nur durch das vorgebogene und auf einem Sockel ruhende, linke Bein gestützt wird, während sie mit erhobenem linken Arm das Haarband und Diadem zu lösen und damit das Haar vollends zu entfesseln versucht. Der Blick ist dabei träumerisch und selbstvergessen mit unendlichem Liebreiz in die Ferne gerichtet.

Für diese Bewegung spricht die leichte Erhebung des linken Oberarmes, die starke Beugung des Unterarmes nach innen, die leichte Abwärtskrümmung der Hand und die Stellung der Finger. Damit ist dann auch das Räthsel des Apfels in der befriedigendsten Weise gelöst. Es ist eben kein Apfel, sondern die marmorne Nachahmung eines bereits gefassten, wenn man will zusammengeballten Theiles des Haarbandes, durch die auf der Unterfläche befindlichen Furchen dazu bestimmt zum Befestigen des metallenen, wahrscheinlich goldenen Haarbandes zu dienen. Hat dieser sogenannte Apfel, wie man einer Angabe entnehmen kann, wirklich die Farbe des Apfels getragen, nun so würde diese recht gut mit einem goldenen Haarbande harmoniren. Die leichte Rechtsneigung des Kopfes unterstützt die Bewegung der Hand zum Abziehen des letzten Haltes des bereits theilweise (Locken) gefallenen Haares.

Das künstlerische Motiv ist ein alltägliches, allein geklärt durch die Schönheit, gehoben durch die unsagbare Hoheit und Keuschheit der Gestalt und durchaus nicht überraschend, wenn man die herrlichsten Statuen des Alterthums aus der Blüthezeit der griechischen Kunst betrachtet. Ich erinnere nur an den Hermes des Praxiteles.

Thun die Berichte aus dem Alterthume dieser herrlichen Statue keiner besonderen Erwähnung als eines Meisterwerkes der Kunst, nun so sehe ich eine Erklärung darin, dass derselben

2*

ein, wenn ich den Ausdruck wagen darf, ästhetischer Mangel anhaftet, der vielleicht weder der praxitelischen knidischen Venus noch der von Cos eigen gewesen sein wird. Die Venus von Milo entbehrt der jugendlichen, mehr jungfräulichen Zartheit des Körpers. Es ist ein vollerblühtes Weib, allerdings ein herrliches, keusches, hehres und liebliches, allein ich glaube jedes genauere Betrachten, namentlich der unteren Rumpfpartbien, wird die Richtigkeit des ersteren Ausspruches bestätigen. Dieser Umstand lässt mich weiter schliessen, dass der Künstler, wenn auch seinen Gedanken zum vollsten, schärfsten Ausdruck bringend, mehr dem tadellosen Modell nacharbeitete, als dass er dem höchsten Ideal weiblicher Schönheit nachstrebte.

Ein solches Meisterwerk der Kunst konnte nun aber, selbst wenn es nicht unter die allerersten seiner Zeit gestellt wurde, nicht ohne Einfluss, nicht ohne Nachahmung bleiben. Das Motiv, die Haltung musste in freier Weise benutzt werden, und das ist in der That an manchen Statuen, an manchen Bildwerken, so auch bei der Venus von Capua der Fall. Das zeigte mir auch bezüglich des Grundgedankens die kleine brüsseler Bronze, welche doch wohl aus spätrömischer Zeit stammt. Der Mangel eingehender archäologischer Kenntnisse verbietet es mir in eine weitere Aufzählung, die doch nur lückenhaft sein könnte, einzutreten.

Mai 1882.

FROMMANNSCHE BUCHDRUCKEREI (HERMANN POHLE) IN JENA.

Uebersicht der benutzten Litteratur.

1) Comte de Clarac. Sur la statue antique de Venus victrix. Paris, Didot l'ainé 1821.
2) O. Jahn. Berichte der sächs. Gesellschaft der Wissenschaften, 1861.
3) Fröhner. Notice de la sculpture antique du musée imperial du Louvre. I. Paris 1869.
4) Wittich. Ergäuzung der Venus von Melos. Zeitschrift für bildende Kunst, 1870.
5) Kekulé. Zur Restauration der Venus von Milo. Archäologische Zeitung. Neue Folge VI. 1873—74.
6) Jean Aicard. La Venus de Milo. Paris, Landoz et Fischbacher, 1874.
7) August Preuner. Ueber die Venus von Milo. Greifswald, Ludwig Bamberg.
8) C. Doussault. La Venus de Milo. Paris, Paul Ollendorff, 1877.
9) Geskel Saloman. La Statue de Milo dite: Venus Victrix. I. u. II. Stockholm 1878 u. 80.
10) Friedrich Freiherr Goeler von Ravensburg. Die Venus von Milo. IV Tafeln Lichtdruck. Heidelberg 1879.

Die Statue ist nach meinen Entwürfen in vorzüglicher Weise von dem Herrn Bildhauer Latt (Kunstschule Breslau) und zwar in halber Lebensgrösse ausgeführt. Abgüsse sind von demselben zu beziehen.

Taf. I

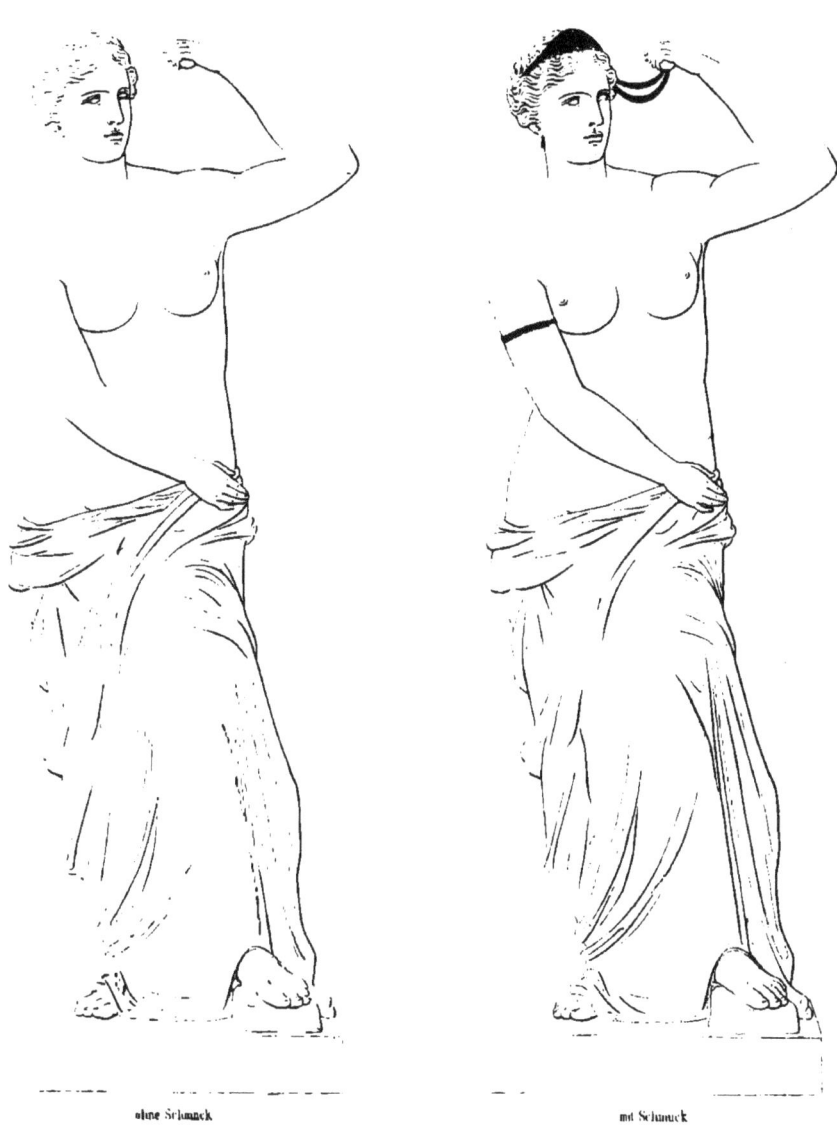

ohne Schmuck   mit Schmuck

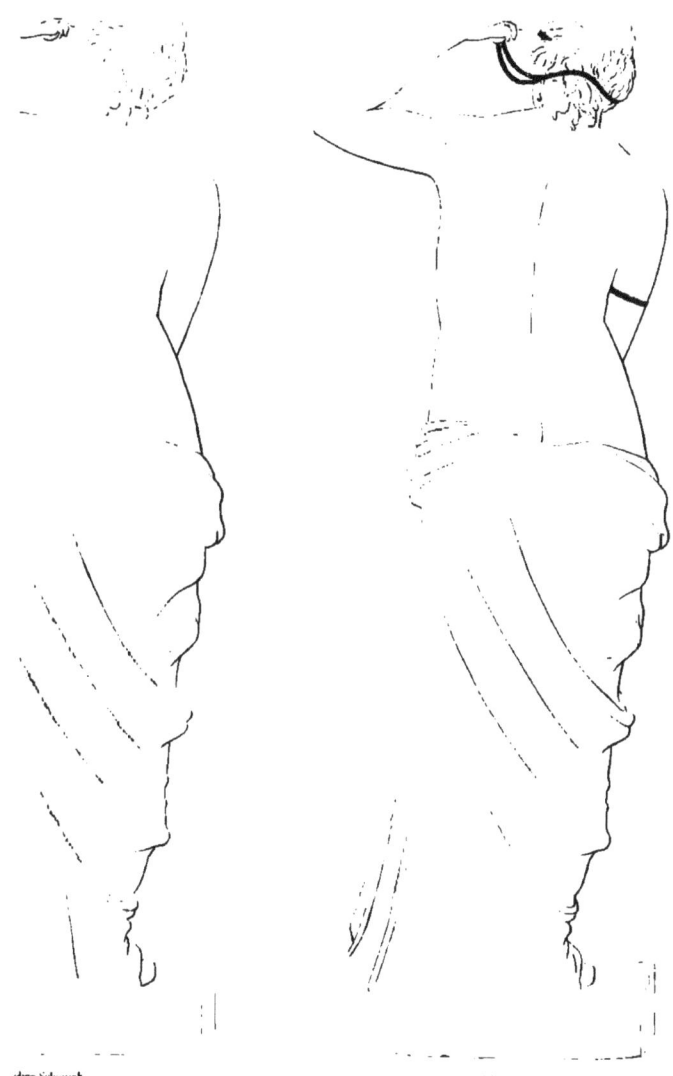

ohne Schmuck   mit Schmuck

Verlag Gustav Fischer

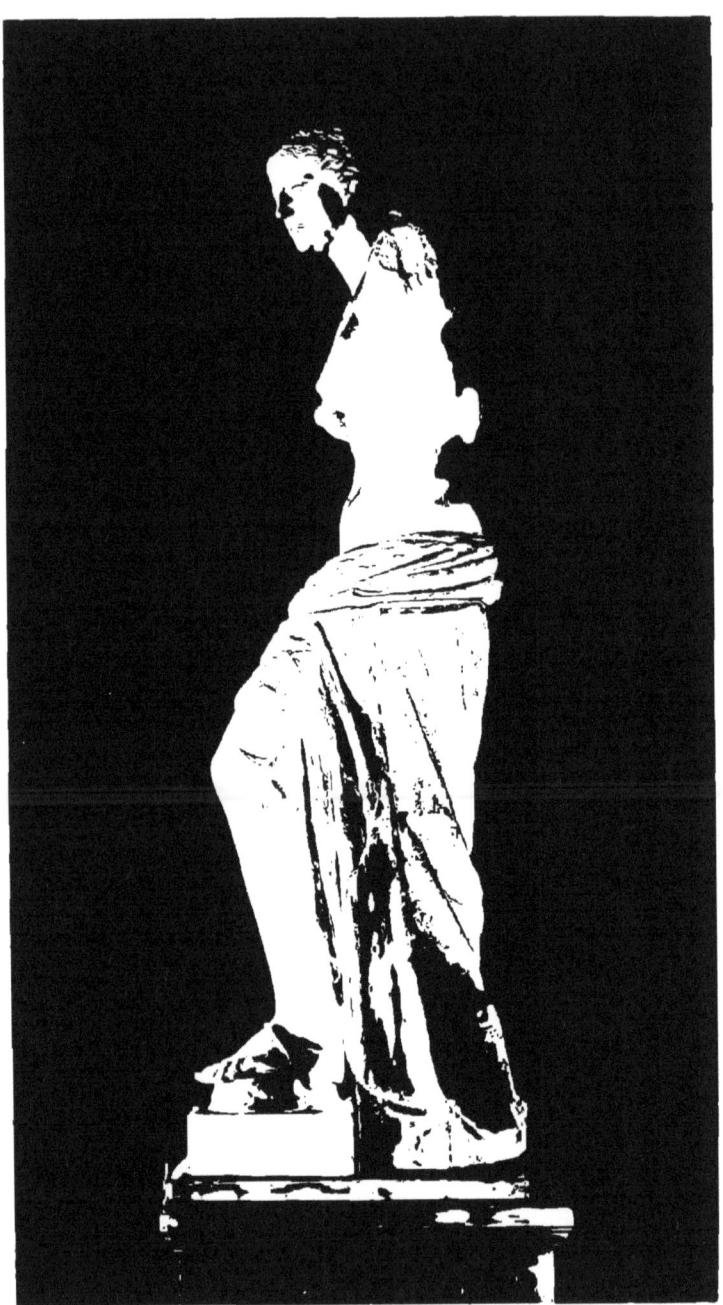

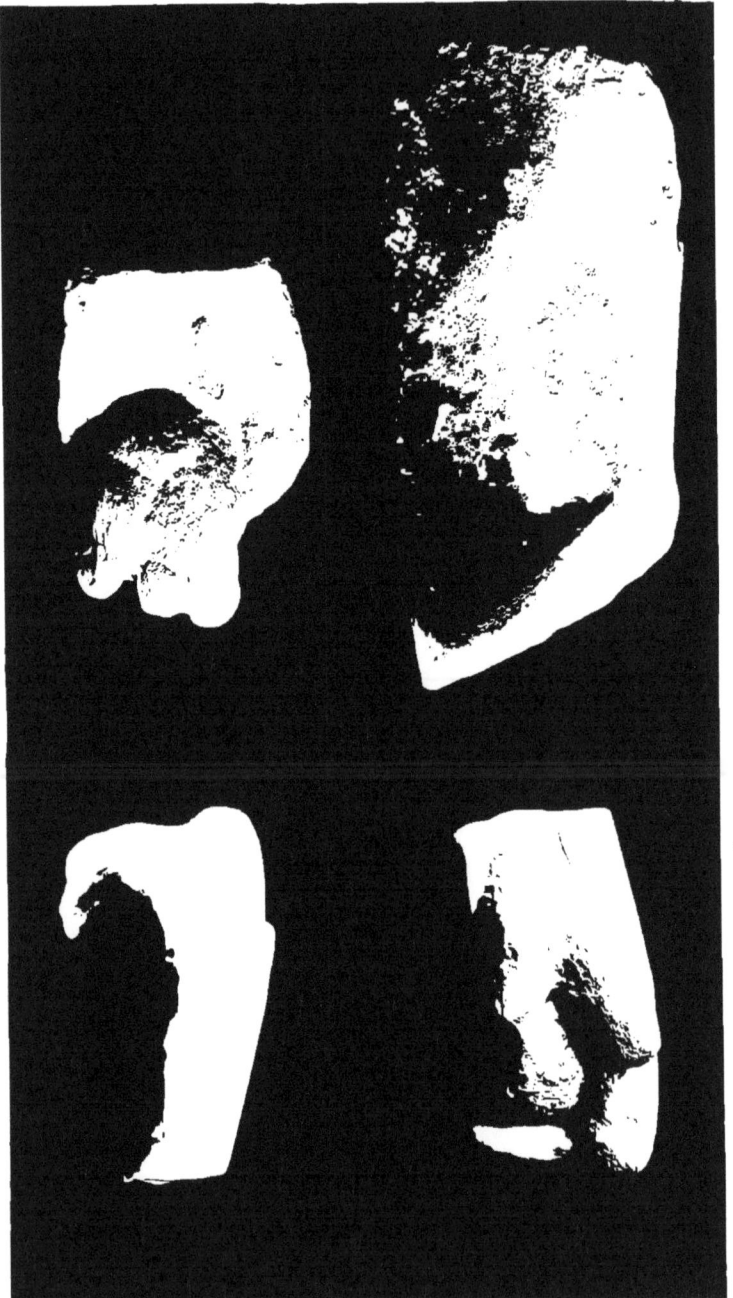

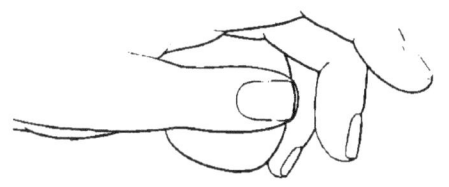